MAGASIN THÉÂTRAL.

CHOIX DE PIÈCES NOUVELLES,

JOUÉES SUR TOUS LES THÉATRES DE PARIS.

THÉATRE DE LA GAITÉ.

ADRIENNE,

Vaudeville en un acte.

40 cent.

PARIS.

MARCHANT, ÉDITEUR

Boulevart Saint-Martin, 12.

BRUXELLES.

TARRIDE, LIBRAIRE, PASSAGE DE LA COMÉDIE.

SCÈNE XV.

ADRIENNE

OU LE DIABLE AU CORPS,

COMÉDIE EN UN ACTE, MÊLÉE DE COUPLETS,

Par M. Joanny Augier.

REPRÉSENTÉE POUR LA PREMIÈRE FOIS, A PARIS, SUR LE THÉATRE DE LA GAÎTÉ, LE 8 JUILLET 1843.

PERSONNAGES.	ACTEURS.	PERSONNAGES.	ACTEURS.
M. DE VOLTAIRE.............	M. JOSEPH.		
DURANDAL, procureur au Châtelet.	M. DUBOURJAL.	PERSONNAGES ÉPISODIQUES.	
LECOUVREUR, brigadier aux dragons de la reine.............	M. CHARLET.	BLAISE LAPALLU, petit paysan normand..................	
ADRIENNE, orpheline élevée par Durandal...........	Mme SAINT-ALBIN.	CUNÉGONDE LEBRETON, vieille tireuse de cartes.............	Mme SAINT-ALBIN.
ZOÉ, idem....................	Mlle LÉONTINE.	ADRIEN DE MIRIBEL, jeune marquis..................	

La scène est à Paris en 1717.

Le théâtre représente un salon de l'époque; porte au fond, portes latérales; guéridon à gauche, console à droite, chaises, fauteuils. Sur le guéridon, quelques volumes; sur la console, un bocal contenant des poissons rouges.

SCÈNE PREMIÈRE.

ADRIENNE, ZOÉ.

Adrienne est assise près du guéridon, elle lit. Zoé est près de la console, et regarde des poissons rouges dans un bocal.

ADRIENNE, *posant son livre.* Quels beaux vers ! Que ce M. de Voltaire a de talent !...

ZOÉ, *considérant ses poissons.* Tiens ! v'là le gros qui poursuit le petit !

ADRIENNE. L'homme qui a fait *Zaïre* ne peut être insensible ! il sera mon défenseur, mon protecteur !

ZOÉ. Bon ! vl'à le petit qui se rebiffe ! c'est maintenant lui qui poursuit le gros !

ADRIENNE, *avec impatience.* Zoé !

ZOÉ. Adrienne !

1843

ADRIENNE. Est-ce que tu n'as pas bientôt fini de jouer avec tes poissons rouges?... Depuis une heure que tu les contemples, tu dois en avoir assez.

ZOÉ, *naïvement*. Mais non! Il y a une heure aussi, toi, que tu lis ton M. de Voltaire, et tu n'as pas l'air d'en avoir assez.

ADRIENNE. Quelle différence! Ces vers sont si touchants!

ZOÉ. Mes poissons rouges sont si gentils!...

ADRIENNE. Ne vas-tu pas comparer les vers de M. de Voltaire à des poissons rouges?

ZOÉ. Pourquoi pas? Les vers t'enchantent et les poissons m'amusent.

ADRIENNE. Comme tu raisonnes!

ZOÉ. Ah! ne te gêne pas. Dis que je suis bête!

ADRIENNE, *allant à elle*. Mais non, ma bonne Zoé, ce n'est pas cela que je veux dire. Ne te fâche pas.

ZOÉ, *riant*. Me fâcher parce qu'on me dirait que je suis bête! J'aurais donc le caractère bien mal fait! Est-ce que c'est un crime d'être bête?

ADRIENNE. Non, mais...

ZOÉ. Mais quoi? Si Dieu m'a faite comme ça, je n'y peux rien... M. Durandal, notre protecteur commun, nous a recueillies toutes deux, pauvres petites orphelines que nous étions, nous a tenu lieu de père, de mère, de tout, quoi!... Tu étais maline, il t'a mise en pension, et t'y a laissée jusqu'à dix-huit ans; t'es devenue une savante... une femme d'élite, comme on dit. Moi, j'étais bête; quand il a vu que j'apprenais difficilement, il m'a retirée du pensionnat, en disant que mon éducation coûtait trop cher et ne rapportait pas assez. Aujourd'hui, si je suis bête et ignorante, c'est pas ma faute!

ADRIENNE. Pauvre Zoé!

ZOÉ. Pauvre Zoé, dis-tu? mais je suis aussi riche que toi... nous n'avons rien ni l'une ni l'autre... Seulement, M. Durandal, qui nous a servi de père à toutes deux, n'a pas les mêmes intentions sur notre compte. De toi il veut faire sa femme, et de moi une religieuse. Ça n'est pas drôle!

ADRIENNE. Pour moi...

ZOÉ. Et pour moi donc? Qu'est-ce que je ferai dans un couvent?

ADRIENNE. Madame Durandal, la femme d'un ex-procureur au Châtelet, moi!...

ZOÉ. Une béguine, moi!

ADRIENNE. Moi qui, depuis ma plus tendre enfance, n'ai qu'une ambition!

ZOÉ. Moi, qui depuis que je suis au monde, n'ai qu'une idée...

ADRIENNE. Être actrice!

ZOÉ. Avoir un mari!

ADRIENNE, *avec énergie*. Eh bien, non! non, mille fois non, je ne serai pas madame Durandal.

ZOÉ, *de même*. Non, non, mille fois non, je n'irai pas au couvent!

ADRIENNE. Je serai comédienne!

ZOÉ. Je me marierai!

ADRIENNE. Dis donc, si tu n'allais pas trouver de mari?

ZOÉ. Comment? Est-ce qu'on n'en trouve pas toujours?

ADRIENNE. Mais non!

ZOÉ. Quoi! sur tant d'hommes qu'il y a au monde, il n'y en aurait pas un pour moi... Mais je n'en veux qu'un! un tout petit.

ADRIENNE. Ah! c'est quelquefois bien difficile!

ZOÉ. Mais c'est une injustice! Ah ça, si tu n'allais pas avoir de talents, toi?

ADRIENNE. Oh! j'en aurai, j'en suis bien sûre. Est-ce que tu ne te rappelles pas que quand tu étais encore à la pension nous avons joué plus d'une fois la comédie, la tragédie?

ZOÉ. Si je m'en souviens!... moi qui pleurais toutes les fois qu'il fallait rire... et réciproquement!

ADRIENNE.

Air de la Somnambule.

Dans ces grands jours quels plaisirs!

ZOÉ.

Que de peines!

ADRIENNE.

Que de succès!

ZOÉ.

Pour moi, que de revers!

ADRIENNE.

Avec éclat, moi, je jouais les reines.

ZOÉ.

Presque toujours, moi, j'écorchais les vers.

ADRIENNE.

Ah! je rêvais un avenir de gloire,
Quand le public en bravos me payait...

ZOÉ.

Souvent, hélas! pour défaut de mémoire,
La sous-maîtresse au cachot m'envoyait.

ADRIENNE, *riant*. Ah! c'est vrai, tu n'avais pas grand succès, ma pauvre Zoé. Mais pour moi, que de compliments, que de fêtes! c'était à qui m'embrasserait, m'admirerait, et me féliciterait. Dis donc, j'ai conservé tous mes costumes.

ZOÉ. Vraiment?

ADRIENNE. Je crois bien. Et dernièrement lorsque j'ai joué sur le théâtre de société de la présidente de Tourville, comme j'ai été applaudie! Et puis ce n'est pas tout; rappelée après la pièce, ma chère... et des bouquets, des couronnes et des vers. Oui, des vers à moi, pour moi; c'est ça qui est flatteur! Oh! c'est une résolution inébranlable. A moi la gloire, à moi le théâtre!

ZOÉ. A moi un mari! Mais trêve à notre enthousiasme, chère Adrienne; j'entends M. Durandal et ton frère...

ADRIENNE. Le soldat et le procureur! Ne les attendons pas. Et puis, s'ils persistent à s'opposer à mes inclinations, j'ai mes projets!

ZOÉ. Quels projets?

ADRIENNE. Je te les dirai... Viens, rentrons vite dans mon appartement.

Air de Paquita.

Viens, suis-moi, je t'en prie,
Car à l'instant je veux
Te montrer, ma chérie,
Le but de tous mes vœux.

Reprise. Toutes deux sortent. Aussitôt entrent Durandal et Lecouvreur par la porte du fond.

SCÈNE II.

DURANDAL, LECOUVREUR.

LECOUVREUR. Je vous l'ai déjà dit cent fois, maître Durandal, ce n'est point pour des prunes que j'ai demandé z'à mon colonel un congé de quinze jours, et que je suis venu z'à franc-étrier de Lille z'en Flandre, où j'étais t'en garnison, à Paris, où vous m'avez écrit de me rendre aussi promptement que possible.

DURANDAL. J'aime à le supposer.

LECOUVREUR. Il s'agissait de votre satisfaction et du bonheur de ma sœur Adrienne; soldat français, je n'ai point z'hésité.

DURANDAL. Je vous remercie de tout cœur.

LECOUVREUR. Maintenant je suis ici pour arranger les épinards.... Et, corbleu ! je les arrangerai.

DURANDAL. Je l'espère.

LECOUVREUR. Vous avez recueilli ma sœur après la mort du vieux auteur de nos jours... depuis dix ans vous l'avez nourrie, blanchie, logée, *gratis pro Deo*... vous mettez le comble à tout ça en voulant la prendre pour épouse... et l'ingrate, la perfide, la méchante, la cruelle, la... je ne veux pas dire le mot... refuserait sous le prétexte frivole qu'elle ne veut pas se marier, et sous le prétexte criminel qu'elle a l'intention de se faire comédienne...

DURANDAL. Hélas!

LECOUVREUR. Halte-là! Sœur de mon cœur... tant que vivra Pamphile-Stanislas, dit Fine-Lame, votre frère, votre aîné et votre tuteur naturel... vous ne déshonorerez jamais notre nom commun z'en montant sur les planches d'un théâtre... elle sera votre femme, sarpejeu !... ou elle dira pourquoi...

DURANDAL. A vous parler franchement et sans vous offenser, mon cher ami, je n'espère pas en vous seul pour mener à bien mon mariage...

LECOUVREUR. Vous m'étonnez...

DURANDAL. Un de mes bons amis, un homme célèbre, un auteur illustre, monsieur de Voltaire, enfin...

LECOUVREUR. Monsieur de vol à terre ?

DURANDAL. Je ne dis pas vol à terre, je dis Voltaire.

LECOUVREUR. Ah! Voltaire!.. très-bien!.. connais pas...

DURANDAL. N'importe... Monsieur de Voltaire, dis-je, a reçu de moi une lettre qui le mande ici ce matin... et j'aurai bien du malheur si, par son entremise et la vôtre, mon brave, notre chère Adrienne ne renonce pas tout à fait à ses idées de comédie et de tragédie.

LECOUVREUR. Fort bien, fort bien... Mais à propos... comme disait un houzard de l'antiquité... parlons peu z'et parlons bien... Je ne demande pas mieux que vous deveniez mon beau-frère, car vous m'avez l'air d'un lapin..... et je les aime les lapins. (*A part.*) En civet surtout. (*Haut.*) Mais avant tout je suis bon frère... me promettez-vous de faire le bonheur de ma sœur?...

DURANDAL. Brigadier, je vous crois intelligent ; je ne vous dirai donc que peu de mots : si votre sœur devient ma femme, il y a cinq mille livres pour vous... dans le cas contraire, il y a mon estime, mais pas un écu avec...

LECOUVREUR. Votre estime toute nue ou cinq mille livres!... Il n'y a pas t'à hésiter, vous êtes fait pour rendre ma sœur très-heureuse... touchez là, beau-frère ! si elle ne dit pas oui, je la tue!

DURANDAL. Ah! brigadier!..

LECOUVREUR. Il n'y a pas de ah! brigadier, qui tienne.... je la tue.... je veux son bonheur...

DURANDAL. Modérons-nous, cher brigadier, car j'entends dans mon antichambre la toux implacable de mon illustre ami monsieur de Voltaire ; et il n'est pas belliqueux, mon illustre ami.

SCÈNE III.

LES MÊMES, VOLTAIRE.

DURANDAL. C'est bien lui ! le voilà !

Air de M. Béancourt.

ENSEMBLE.

DURANDAL *et* LECOUVREUR.

Un ami t'appelle,
Il vient plein de zèle.
Nous pouvons braver le sort.
Voici du renfort !

VOLTAIRE.

Un ami m'appelle,
J'accours plein de zèle.

Ah! tu peux braver le sort :
Voici du renfort!

DURANDAL, *le saluant.*

Combien je te remercie!
J'attendais cela de toi.

VOLTAIRE.

Ah! point de cérémonie;
Voyons, dispose de moi.

DURANDAL.

Quel bonheur! un grand homme ici!

VOLTAIRE.

Mieux que cela, c'est un ami!

DURANDAL, *à Lecouvreur.* Vous l'enten-
dez, je ne le lui fais pas dire, le grand homme
est mon ami.... il a su que j'avais besoin de
lui, et il est accouru... Brave grand homme,
va!

REPRISE DE L'ENSEMBLE.

VOLTAIRE. Maintenant, mon cher procureur, venons au fait promptement, sans pré-
ambule... Tu m'as écrit, tu m'as mandé ici...
chez toi.... m'y voilà.... De quoi s'agit-il?
qu'attends-tu de moi?

DURANDAL. Ma lettre ne t'a-t-elle pas donné
des détails?...

VOLTAIRE. Ta lettre, je l'ai lue sans y croire...
Comment, Durandal, tu veux te marier!

LECOUVREUR. Parbleu! pourquoi pas?

VOLTAIRE, *étonné, à Durandal.* Quel est
ce monsieur?...

LECOUVREUR. Pamphile-Stanislas, dit Fine-
Lame, brigadier z'au régiment des dragons
de la reine, frère de l'objet z'en litige... spé-
cialement protégé par le maréchal de Saxe.

VOLTAIRE. Je connais beaucoup votre gé-
néral, mon brave; c'est un grand homme
que Maurice, et je suis au nombre de ses
admirateurs..... Mais obligez-moi de ne pas
m'interrompre.... ça me fait tousser.... (*A
Durandal.*) Tu es donc amoureux?...

DURANDAL, *embarrassé.* Amoureux! pas
précisément... mais il faut absolument que je
me marie...

VOLTAIRE. Je te comprends... tu es amoureux fou, et tu n'oses pas l'avouer... S'il en
est ainsi, s'il n'y a pas moyen de te faire entendre raison, oblige-moi de m'expliquer ce
que je puis faire pour mener à bien ton mariage avec... comment se nomme ta future?

DURANDAL. Adrienne...

VOLTAIRE. Ah! oui, oui. Je me souviens...
une de ces deux petites orphelines élevées et
adoptées par toi.... celle qui a la passion du
théâtre... Oh! caprice, folie d'enfant..... je
n'aurai pas de peine à la dissuader... Mais où
est-elle donc, cette petite écervelée? que je
la gronde, que je la sermonne d'importance,
que je lui mette sous les yeux l'exemple de
toutes celles qui se sont fourvoyées dans la
carrière dramatique... que je lui fasse comprendre qu'elle ne serait sans doute qu'une

pauvre saltimbanque destinée à vivre et à
mourir dans la misère...

DURANDAL. C'est cela! c'est cela!

LECOUVREUR. Tandis qu'en épousant monsieur... homme non moins cossu que vénérable, elle me rendra très-heureux.

VOLTAIRE. Comment! elle vous rendra
très-heureux?

LECOUVREUR. Par l'aspect de son bonheur,
monsieur..... (*A part.*) Et de mes six mille
livres.

DURANDAL. Mon cher ami, je vais t'en-
voyer Adrienne tout de suite.... Beau-frère,
suivez-moi... Laissons ici notre avocat, notre
sauveur.

AIR *du Postillon.*

Un moment nous te laissons,
Puis en toi seul nous mettons
Espérance,
Confiance;
Tu vaincras!
Tu réussiras!
Sera-t-elle insensible?

LECOUVREUR.

Dites-lui que je veux...

VOLTAIRE.

Je ferai mon possible
Pour couronner vos vœux.

REPRISE DE L'ENSEMBLE.

Un moment, etc.

Durandal et Lecouvreur sortent.

SCÈNE IV.

VOLTAIRE, *seul.*

Allons, tâchons de contenter ce pauvre
Durandal! J'espère que ça ne sera pas bien
difficile... je vais trouver quelque jeune fille
bien hardie, bien délurée, prenant l'impu-
dence pour de l'aplomb, et se croyant du talent parce qu'elle est dévorée du désir de
plaire, de briller, d'être applaudie... Ah! je
vais lui dire son fait tout nettement, tout
franchement... Mais la voici, je crois... Oh!
qu'elle est jolie!... Allons! allons! il ne faut
pas la brutaliser...

SCÈNE V.

VOLTAIRE, ADRIENNE.

Adrienne entre et n'ose s'approcher; Voltaire va à elle,
la prend par la main et l'amène sur le devant de la
scène.

VOLTAIRE. Mademoiselle Adrienne, n'est-
ce pas?

ADRIENNE. Oui, monsieur.

VOLTAIRE. Votre frère et maître Durandal vous ont envoyée ici ?

ADRIENNE. Oui, monsieur ; mais j'ignore pourquoi.

VOLTAIRE. Oh ! pourquoi ? pourquoi ? vous allez le savoir. Ne tremblez donc pas comme ça, mademoiselle !... (*A part.*) Sa timidité m'intéresse !... (*Haut.*) Je ne suis pas aussi sévère que je puis le paraître. Voyons, asseyez-vous là... près de moi... et causons comme deux vieilles connaissances.

ADRIENNE, *à part, en s'asseyant.* Je suis toute tremblante !

VOLTAIRE. Eh bien, ma jolie enfant, vous avez donc résolu de faire le malheur de mon ami Durandal ?

ADRIENNE. Hélas, monsieur ! personne au monde ne désire plus vivement que moi le bonheur de monsieur Durandal, à qui je dois tout... mais...

VOLTAIRE. Mais ?

ADRIENNE. Je ne veux pas me marier.

VOLTAIRE. Vous ne voulez pas vous marier ! ça a l'air d'une raison au premier abord... Mais si vous ne voulez pas vous marier, ne serait-ce pas parce qu'il y a dans cette jolie tête-là des idées un peu déraisonnables... un peu folles ?... (*Se reprenant.*) Ne vous fâchez pas, belle demoiselle ; c'est le délégué de votre tuteur, c'est pour ainsi dire votre tuteur lui-même qui vous parle.

ADRIENNE, *avec grâce.* Quand on s'appelle Voltaire, on peut parler en son nom propre... toute liberté est un droit pour l'homme de génie.

VOLTAIRE, *à part.* L'enfant s'exprime fort bien !... (*Haut.*) Mademoiselle, si vous me traitez avec tant d'amabilité, comment voulez-vous que je vous gronde ?

ADRIENNE, *ingénument.* Eh bien, monsieur, ne me grondez pas.

VOLTAIRE. Mais c'est que je suis ici pour cela.

ADRIENNE. Si j'ambitionne les succès du théâtre, n'est-ce pas pour m'associer autant que je le pourrai à la gloire du grand poëte qui en est aujourd'hui l'ornement ? de celui que l'Europe entière envie à la France ?

VOLTAIRE, *à part.* Voyez-vous la petite flatteuse ! Ne nous laissons pas séduire !... (*Haut.*) La gloire, mademoiselle, est une orgueilleuse déesse... ne l'approche pas qui veut... Tous la désirent, bien peu l'obtiennent. Mais qui a pu vous inspirer ces pensées ambitieuses ?

ADRIENNE. Hélas ! monsieur, c'est vous...

VOLTAIRE. Comment ! c'est moi ?

ADRIENNE. C'est en lisant vos vers que j'ai pris le goût de la belle poésie.

VOLTAIRE, *confus.* Mademoiselle... (*A part.*) Elle me bat avec mes armes !...

ADRIENNE. On me dit que j'ai tort d'aimer le théâtre... mais ceux qui me parlent ainsi ne savent pas si je peux ou non y réussir.

VOLTAIRE *vivement.* Réussir au théâtre, mademoiselle ! il faut trop de dons naturels, trop de qualités diverses, trop d'études de toutes sortes... et pour me servir d'une expression qui rend ma pensée à merveille, il faut avoir le diable au corps !

ADRIENNE. Mais...

VOLTAIRE. Oui, je le répète, il faut avoir le diable au corps !

ADRIENNE, *naïvement.* Eh bien, monsieur, je l'ai peut-être !

VOLTAIRE. Comment ?

ADRIENNE. Si monsieur de Voltaire avait la bonté de m'entendre...

VOLTAIRE. De vous entendre ?

ADRIENNE. Réciter quelques vers seulement.

VOLTAIRE, *à part.* La petite futée est capable d'avoir du talent ! (*Haut.*) Eh bien, mademoiselle, je vous entendrai... mais si vous êtes mauvaise...

ADRIENNE. Vous me sifflerez.

VOLTAIRE. Des sifflets ? fi donc ! c'est de trop mauvaise compagnie... Je n'applaudirai pas.

ADRIENNE. C'est cela, je comprendrai.

VOLTAIRE, *venant s'asseoir à droite.* D'abord, pas de mauvais vers ! pas de Quinault, pas de Colletet... du Corneille ou du Racine.

ADRIENNE, *avec finesse.* Du Voltaire, si cela vous est égal... je ne sais que cela.

VOLTAIRE. Hein ? Allons, mademoiselle j'écoute.

ADRIENNE. Vous permettez que je me recueille un moment... c'est que je suis si émue... j'ai une telle frayeur de mon juge...

VOLTAIRE. A votre aise, mademoiselle, à votre aise.

Pendant qu'Adrienne, au fond du théâtre, semble recueillir ses souvenirs, la porte d'un cabinet s'ouvre.

DURANDAL *se montre, et dit à Voltaire d'un ton vexé.* Mais tu ne la grondes pas du tout.

VOLTAIRE, *étonné.* Hein ? quoi ? Mon cher, je fais ce que je peux.

DURANDAL. Ça ne va pas, mon ami, ça ne va pas... sois donc sévère... très-sévère.

VOLTAIRE. Je le serai. La voilà ! cache-toi.

Adrienne récite une tirade de Voltaire (à choisir selon l'actrice. Madame Saint-Albin a choisi la tirade d'imprécation de Palmyre, dans Mahomet.) A la fin, moment de silence. Voltaire reste assis. Adrienne l'observe avec inquiétude.

ADRIENNE. Eh bien, monsieur de Voltaire ?

VOLTAIRE, *à part.* Ce n'est pas mal, ça... mais Durandal est là. (*Haut.*) Eh bien, mon enfant... vous voyez, je n'applaudis pas.

ADRIENNE. Ainsi?

VOLTAIRE. Ainsi, vous n'avez pas ce dont je parlais tout à l'heure... Il faut renoncer au théâtre !

ADRIENNE. Jamais, monsieur, jamais ! plutôt la misère la plus affreuse. Mais le théâtre, il me le faut, et je l'aurai. (*A part.*) Allons, plus de retard... usons de ma dernière ressource. (*Haut.*) Monsieur, je vous salue.

Elle lui fait une profonde révérence.

VOLTAIRE. Mademoiselle, je suis votre serviteur.

Adrienne entre vivement dans sa chambre.

SCENE VI.

VOLTAIRE, *puis* DURANDAL *et* LECOU-VREUR.

DURANDAL, *sortant du cabinet suivi de Lecouvreur.* Eh bien ?

LECOUVREUR. Après ?

VOLTAIRE, *à Lecouvreur.* Tiens ! vous étiez là, vous ?...

LECOUVREUR. Un peu, z'estimable bourgeois. J'assistais mon beau-frère.

VOLTAIRE. Ah ! vous croyez qu'il est déjà votre beau-frère !

LECOUVREUR. Parbleu !

DURANDAL. Supposerais-tu, mon ami...

VOLTAIRE. Je fais mieux que cela, j'ai la certitude qu'elle ne t'épousera pas... volontairement du moins...

LECOUVREUR. Elle l'épousera de force, qu'est-ce que ça fait ?

DURANDAL. Oui, comme dit mon beau-frère, qu'est-ce que ça fait ?

VOLTAIRE. Ça fait, ça fait qu'un mariage forcé a toujours de tristes conséquences...

LECOUVREUR. Qu'est-ce que ça fait ?...

VOLTAIRE. Diable ! brigadier, comme vous y allez !... Ainsi quand même après trois ou quatre mois de mariage, le ménage de monsieur et madame Durandal serait un enfer ?..

LECOUVREUR. Qu'est-ce que ça fait ?

VOLTAIRE, *à Durandal.* Quand même tu devrais être...

Il se penche à son oreille et lui parle bas.

LECOUVREUR. Qu'est-ce que ça fait ?...

VOLTAIRE. Rien ne fait donc jamais rien avec vous ?

DURANDAL. Cependant, brigadier...

LECOUVREUR. Mais non, beau-frère, mais non... la question n'est pas là...

VOLTAIRE. Je voudrais bien savoir où elle est...

LECOUVREUR. Et, corbleu ! dans les six mille...

DURANDAL, *sévèrement.* Brigadier, des indiscrétions !

VOLTAIRE, *étonné.* Dans les six mille quoi ?...

LECOUVREUR, *s'apercevant qu'il a dit une sottise.* Rien, bourgeois ; histoire de rire et de passer ensemble un instant z'agréable... Voici la chose pure et simple... (*Bas, à Durandal, en montrant Voltaire.*) Je vas emblêmer le bourgeois qu'il n'y verra que du feu... Vous connaissez le maréchal de Saxe, vous savez sa tactique, vous allez me comprendre... Pour lors donc l'honnête monsieur Durandal ici présent a celui d'être amoureux comme un léopard de la belle femme à qui le ciel m'a donné pour frère. (*A Voltaire.*) Vous comprenez ?

VOLTAIRE. Jusqu'à présent ça ne me paraît assez clair.

LECOUVREUR, *à Durandal.* Il a de l'intelligence, le bourgeois. (*A Voltaire.*) Pour lors, il se pose cet homme en façon d'avant-garde, et pour engager l'action, il dit : Amour pour amour ? Elle répond, comme pourrait le faire la première Espagnole venue : *Nix pas comprenir...* Très-bien !

DURANDAL. Non, très-mal...

LECOUVREUR. Très-bien, au contraire. (*A Voltaire.*) L'avant-garde étant défaite, pour lors, vous, corps d'armée, vous arrivez, et vous dites toujours au nom du même Karandal.

DURANDAL, *bas.* Durandal.

LECOUVREUR, *continuant.* C'est entendu, si le mot n'y est pas, le cœur y est toujours. Vous dites : Mon ami ne fait donc pas ses frais ?... La belle répond, toujours avec sa même rengaine espagnole : *Nix pas comprenir...* Vous comprenez ?

VOLTAIRE. Moins bien que tout à l'heure.

LECOUVREUR. Alors c'est parfait.... voilà donc deux défaites... coup sur coup. Dans ces cas-là, le maréchal de Saxe a un certain petit corps d'armée qu'il appelle le corps des six mille. (*A Durandal.*) Je répare l'indiscrétion...

VOLTAIRE, *impatienté.* Et ce que n'ont pu faire l'avant-garde et le corps d'armée, le corps des six mille l'accomplit.

LECOUVREUR. C'est ça même, bourgeois !.. Je suis les six mille... on vous a battus, moi je battrai.

VOLTAIRE. Je vous le souhaite, et je vous y aiderai. (*A Durandal.*) Pour le moment je ne suis bon qu'à une chose, c'est à prendre quelques instants de repos... je n'en peux plus...

DURANDAL. Eh, mon ami, que ne parlais-tu ? Ta chambre est prête : va te jeter sur ton lit...

VOLTAIRE. Très-volontiers... le corps d'armée ne peut plus mettre un pied devant l'autre.

DURANDAL. Va te reposer, mon ami; va te reposer.

LECOUVREUR. Allez, vieillard, allez!...

VOLTAIRE. Et puis nous recommencerons les hostilités.

Tous trois vont pour sortir, Zoé les arrête.

SCÈNE VII.

LES MÊMES, ZOÉ.

ZOÉ, *entrant en courant.* Monsieur Durandal! monsieur Durandal!... (*Elle se détourne pour rire.*) Il y a là un petit chose qui demande à vous parler.

DURANDAL. Un petit chose?...

ZOÉ. Eh bien, oui, comme qui dirait un villageois.

DURANDAL. Comment l'as-tu laissé entrer? Que tu es sotte!

ZOÉ. Mais non, je ne suis pas sotte, cette fois-ci du moins. Puisqu'il vous demandait et que vous y êtes, je ne pouvais pas lui dire que vous n'y étiez pas : c'est ça qui aurait été sot.... Hein! comme je raisonne!...

DURANDAL. Ah! oui... très-bien... (*A Voltaire.*) Je te demande bien pardon, mon bon Voltaire...

ZOÉ, *à part.* C'est ça qui est le grand Voltaire?... Il a une bonne tête de vieux... je voudrais bien savoir s'il est marié.

DURANDAL. Que fais-tu là-bas, au lieu d'introduire ce paysan?...

ZOÉ, *préoccupée et regardant Voltaire.* Avant tout, faut que je vous dise... je le crois un peu en train votre paysan... (*A part.*) Dieu! s'il n'était pas marié!

DURANDAL. Qu'appelles-tu un peu en train?

ZOÉ, *même jeu.* Gris, si vous aimez mieux.

LECOUVREUR. On dit encore casquette.

DURANDAL. Il se pourrait! Se présenter ainsi chez moi! Mon cher Voltaire, que d'excuses!

VOLTAIRE. Bon! il nous amusera peut-être.

ZOÉ, *à part.* Je l'aime ce monsieur Voltaire, moi! S'il voulait donc m'épouser!...

Elle pousse un gros soupir.

DURANDAL. Fais-le entrer tout de suite, ton paysan.

ZOÉ. J'y vais, mon oncle... mais le voici qui entre tout seul.

Elle sort en regardant toujours Voltaire.

SCÈNE VIII.

LES MÊMES, *excepté* ZOÉ. ADRIENNE.

Elle est vêtue en petit paysan normand, à moitié ivre; chapeau à larges bords, veste et culotte de couleur jaune, chemise en grosse toile, bas chinés, gros souliers.

ADRIENNE, *entrant, riant et sautant.*

Air de la Normande.

Mon Dieu, j'ai t'y bu ! mon Dieu, j'ai t'y ri !
    Pour moi quelle noce !
    Quell' fameuse bosse !
    Chanc', tu m'a souris.
    Mon Dieu, j'ai t'y ri !
    Au p'tit cabaret
    D' ma cousin' Grégoire,
    Queu bon vin Clairet,
    Cristi ! j' viens de boire'
    Si maman l' savait,
    Comme ell' me battrait
    Comme ell' tap'rait bien
    En m'app'lant vaurien !
    Mais j' m'en fich' pas mal.
    Ça m'est ben égal,
    J' sis loin du pays,
    Et j'ons vu Paris.
    Aux amis j' vons dire
    Qu' c'est fameus'ment biau,
    Et qu' c'est un morciau
    Que tout le monde admire !

Ah ! oui ; cristi, que c'est biau! qu'on y voit tout plein de grandes maisons, de ponts de pierre, de promenades.... et des beaux seigneurs, de belles dames, des charrettes, des carrosses, y en a-t'y ! y en a-t'y ! même que j'ons manqué d'être écrasé en venant... Ah! cristi, c'est que je marchions pas trop droit... j' voyions tout tourner... j'avions les yeux voilés un brin... n'importe, j'sommes content tout de même... Allais! marchais !

REPRISE.

Mon Dieu, j'ai t'y bu! etc.

LECOUVREUR. As-tu fini, polisson !

DURANDEL. Que demandes-tu?

VOLTAIRE. A qui veux-tu parler?

ADRIENNE. Cristi ! j' voulons parler à mam'selle Adrienne, cette-là qui demeure chez un vieux procureur, rue des Tournelles, n° 26... Mes bons messieurs, n' pourriez-vous point m'indiquer ça?

LECOUVREUR. Que lui veux-tu à mademoiselle Adrienne, petit drôle?

ADRIENNE. Oh! oh! un soldat du roi! ben habillé, da... Moi itou j' voulons être dragon... aller à l'armée de la guerre...

DURANDAL. Diras-tu ce que tu viens faire ici, chez moi?

ADRIENNE. Est-ce que vous seriez mamselle Adrienne, vous?

DURANDAL. Je suis celui chez qui elle demeure... entends tu !... maître Durandal.

ADRIENNE. Le vieux procureur... Oh! ben, c'est pas pour vous qu'est ma commission...

DURANDAL. Comment! pas pour moi?

ADRIENNE. Nenni, da !... C'est égal, je vous la ferons tout de même, parce que si j'revenions cheu nous sans rien, maman m'secouerait joliment les côtes... Ah! mais... j'aime pas d'être battu, et vous?...

LECOUVREUR. Voyons, t'expliqueras-tu, polisson!

ADRIENNE. Nenni, j'voulons rien vous dire à vous... vous m' faites frayeur avec votr' uniforme... vous m' faites l'effet de la maréchaussée... J' sis pas un voleur, moi; j'voulons pas qu'on m'arrête... (*Pleurant.*) J' sis un honnête homme! j'ai mes papiers... je m'appelle Blaise Lapallu, né natif de Bayeux en Normandie...

LECOUVREUR. Petit gredin! si je te prends les oreilles...

VOLTAIRE. Laissez, laissez, brigadier... je vais m'adresser à ce garçon... avec douceur, je pourrai peut-être tirer quelque chose de lui... Mon jeune ami, veux-tu me répondre? veux-tu me dire enfin par qui tu es envoyé, et ce que tu viens faire ici, rue des Tournelles, n° 26, chez maître Durandal, le procureur au Châtelet?

ADRIENNE. Ah! ben... vous m'avez l'air d'un bon enfant, vous... vous ressemblez à notre bedeau... non, au suisse... non, décidément c'est au bedeau.

VOLTAIRE. Bien obligé... Après?

ADRIENNE. Après... je vas vous conter la chose... C'est Madeleine Lapallu, ma mère, nourrice à Bayeux, en Normandie, qui m'envoie ici... vers mamselle Adrienne.

TOUS. Pourquoi faire?

ADRIENNE. Pourquoi faire?... Dam, pour chercher le petit.

TOUS. Le petit!

ADRIENNE. Eh! oui, le petit... Maman l'attendait de jour en jour par la patache de Rouen qui passe devant notre porte... Ne le voyant pas venir... « Blaise, qu'al m'a dit, prends ton sac, tes guêtres et tes quilles, et va à Paris, chez cette mamselle Adrienne... Si l' petit est prêt, tu le prendras et tu me l'apporteras sans t'amuser en route... »

DURANDAL. Un enfant à Adrienne!...

ADRIENNE. Chûûût!... faut pas dire... (*mystérieusement*) c'est un secret!

LECOUVREUR. Un enfant! ma sœur... mille tonnerres!

DURANDAL. Un enfant... c'est impossible... ce petit malheureux se trompe...

ADRIENNE. Oh! que nenni, je ne me trompe point... je sis un peu en ribotte, c'est vrai... mais je savons bien qu'il me faut le p'tit de

mademoiselle Adrienne... Allons, voyons, qui est-ce qui me le baille?

LECOUVREUR. Si tu ne détales au plus vite, méchant gamin, je te passe mon sabre au travers du corps!

ADRIENNE. Eh! dites donc, vous, grand escogriffe!

LECOUVREUR, *menaçant.* Insolent!

VOLTAIRE. Là, là, brigadier... ce garçon est-il la cause.... (*A Adrienne.*) Mon ami, on te répondra plus tard... on ira te parler... où loges-tu?

ADRIENNE. Dam, pas près d'ici... rue de l'Estrapade, chez ma cousine Grégoire, à l'hôtel du Poisson-Volant.

VOLTAIRE. C'est bien... Tiens, voilà pour ta peine... pars vite.

ADRIENNE. Un écu! fameux! J'va joliment le faire changer chez ma cousine... En v'là des roquilles et des chopinettes!... Merci, vieux généreux... Salut, messieurs, mesdames et la compagnie... Ah! surtout ne manquez pas de me faire savoir quand le petit sera prêt...

> Mon Dieu, j'ai t'y bu!
> Mon Dieu, j'ai t'y ri!
> Quell' fameuse bosse!
> Pour moi quell' noce!
> Chanc', tu m'as souri!
> Mon Dieu, j'ai t'y ri!

Adrienne sort; Voltaire sourit, Durandal est accablé, Lecouvreur est furieux.

SCÈNE IX.

VOLTAIRE, DURANDAL, LECOUVREUR

DURANDAL. Tout ceci est un rêve!

LECOUVREUR. C'est z'un atroce cauchemar!

VOLTAIRE. Cette aventure est vraiment extraordinaire!

DURANDAL. Mais, non; je viens de l'entendre de mes propres oreilles... ce petit paysan l'a assez répété... Sa mère est nourrice... elle l'envoie vers Adrienne... O mon Dieu!

LECOUVREUR. Ma sœur! ma sœur coupable! séduite! déshonorée!... Moi, Pamphile-Stanislas, dit Fine-Lame; moi, brigadier z'aux dragons de la Reine; moi, soldat du maréchal de Saxe, venir de Lille z'à franc-étrier pour me voir... quoi? (*Montrant Durandal.*) Réduit à l'estime de monsieur pour tout potage!...

VOLTAIRE. C'est fâcheux!

LECOUVREUR. Fâcheux... mille bombes! vous en parlez bien à votre aise... C'est-à-dire que c'est un événement z'à vous faire dresser les cheveux, à vous rendre fou, à se brûler la cervelle!

VOLTAIRE. Moyen extrême... qui ne remédierait à rien.

LECOUVREUR. Sacrebleu, bourgeois, je vous trouve gentil... vous êtes d'une froideur... Voyons, vous, le conseiller, l'avocat, vous mandé z'ici pour arranger les choses.... et qui n'avez rien arrangé du tout... Rendez-vous donc z'utile, dites donc z'un peu ce qu'il faut faire...

VOLTAIRE. C'est bien simple... Il s'agit de chercher l'amant... le séducteur... et de lui faire épouser votre sœur le plus promptement possible.

DURANDAL. Qu'entends-je!

LECOUVREUR. Tête et sang! vous m'y faites songer... il y a z'un homme, un séducteur... Je cours trouver mon indigne sœur, l'accabler de reproches, la traiter comme elle le mérite...

DURANDAL. Soldat, qu'allez-vous faire?

VOLTAIRE. Des bêtises, probablement.

LECOUVREUR. Mille tonnerres! il faudra bien qu'elle me dise le nom de l'infâme.... Alors, oh! alors!... c'est à cocotte qu'il aura affaire...

VOLTAIRE. Qu'appelez-vous cocotte, mon ami?...

LECOUVREUR. J'appelle cocotte la fine lame qui me pend aux côtés... C'est elle qui vengera le nom des Lecouvreur, et l'estimable Karandal par-dessus le marché...

LECOUVREUR.

Air de Monpou.

Je cours tirer vengeance
Du lâche séducteur,
De ce vil suborneur;
De sa rare insolence
Je veux avoir raison.
Pour lui point de pardon!

DURANDAL.

Arrêtez, militaire!
Que prétendez-vous faire?

LECOUVREUR.

Massacrer un vaurien!
Oui, pour punir son crime,
Il faut que je m'escrime;
Je n'écoute plus rien!
Je cours tirer vengeance, etc.

REPRISE ENSEMBLE.

Lecouvreur sort précipitamment.

SCÈNE X.

VOLTAIRE, DURANDAL.

DURANDAL. Où court-il? que projette-t-il?... Je crains que dans sa fureur..., sa sœur Adrienne...

VOLTAIRE. Laisse donc, laisse donc.... Ce soldat n'est pas aussi méchant qu'il le paraît.

Tout ce qu'il peut faire s'il a vraiment du cœur, c'est de s'informer du nom et de l'adresse de l'amant et de le provoquer en duel. Mademoiselle Adrienne n'a rien à craindre.

DURANDAL. Adrienne! ô Adrienne!

VOLTAIRE. Eh bien... Adrienne... Je présume que tu n'es plus dans l'intention d'en faire ta femme?

DURANDAL. Hélas!

VOLTAIRE. Après sa conduite... après la preuve de son ingratitude...

DURANDAL. O Adrienne! Adrienne!

Air *de Téniers.*

Était-ce ainsi que je t'avais rêvée?
Vierge timide, au cœur simple, innocent,
Toi, si candide et si bien élevée,
A l'air si pur, au maintien si décent!
J'aurais juré qu'elle passait sa vie
A s'acquitter de bonnes actions.
Ah! pour jouer la comédie
Elle avait bien des dispositions!
Elle avait trop de dispositions!

VOLTAIRE. Laisse-la donc maintenant se mettre au théâtre...

DURANDAL. Au théâtre... Non, non... je ne puis... je n'y consentirai jamais...

VOLTAIRE. Tu en es donc fou?

DURANDAL. De qui?

VOLTAIRE. De ton Adrienne...

DURANDAL, *froidement.* Fou n'est pas précisément le mot... Si tu veux même que je te parle avec franchise, je ne suis pas plus amoureux de celle-là que d'une autre. Je l'épouse parce que je suis attaché à la maison dans laquelle j'habite...

VOLTAIRE. Quel galimatias me fais-tu là? Tu veux épouser Adrienne parce que tu aimes ta maison?

DURANDAL. C'est cela même, tu as parfaitement saisi la difficulté... Ce n'est pas une question d'amour, mais une question d'immeuble.

VOLTAIRE. Explique-toi...

DURANDAL. C'est très-simple... Je tiens cette maison des bontés du marquis de Verdelas, qui me la légua par testament en récompense de quelques petits services que j'ai pu lui rendre...

VOLTAIRE. Je sais cela...

DURANDAL. Mais tu ne sais pas qu'au testament il y a un codicille, lequel est ainsi conçu : « Je désire que Durandal, mon ami, soit parfaitement heureux; or je sais, par expérience, qu'un vieillard célibataire est un être des plus misérables... J'exige donc qu'il se marie avant d'avoir atteint la soixantaine. Si à cette époque il n'était pas marié, la maison que je lui lègue retournerait à mes collatéraux... » Hélas! mon bon Voltaire, j'ai soixante ans dans huit jours!...

VOLTAIRE. Et tu comptais sur Adrienne?

DURANDAL. Si j'y comptais Voilà quinze ! ans que je l'élève à la brochette dans l'unique espoir qu'elle sera la consolation de mes vieux jours... quinze ans que je l'accable d'éducation, que je la comble d'arts d'agrément, que je me la forme, que je me la pétris, que je me la prépare...

VOLTAIRE, *d'un ton piteusement comique.* Et tout cela va te filer devant le nez.... Elle est gentille, ta future...

DURANDAL. Et la maison donc !

VOLTAIRE. Elle a de l'esprit.

DURANDAL. Et si bien distribuée !

VOLTAIRE, *étonné.* Distribuée !

DURANDAL. Oh! tu ne la connais pas comme moi... figure-toi qu'elle a jadis appartenu à un grand seigneur...

VOLTAIRE, *de même.* A un grand seigneur !

DURANDAL. Et qu'elle a une foule de petits détours secrets, avec des cabinets particuliers... Ah! s'il faut me séparer d'elle j'en mourrai.

VOLTAIRE. Si c'est à ce point-là, que veux-tu que je te dise?... Épouse-la !...

DURANDAL. Que j'épouse ma maison !

VOLTAIRE. Ah! ma foi, je ne comprends plus un mot à ce que tu me contes. Tu m'avais promis que tu me laisserais quelques instants de repos.

DURANDAL. C'est vrai, pauvre ami, tu dois être brisé... Va te reposer, va !

VOLTAIRE. Ce n'est pas de refus.

Tous deux se dirigent vers la porte, l'ouvrent, Adrienne paraît.

SCÈNE XI.

LES MÊMES, ADRIENNE.

Elle est en vieille tireuse de cartes. Coiffe longue, lunettes, mantille noire, robe noire, un large sac pendu au bras gauche, une canne à corbin.

ADRIENNE. Votre servante très-humble, messieurs.

VOLTAIRE, *reculant.* Encore quelqu'un !

DURANDAL. Qu'est-ce que c'est ?

ADRIENNE, *s'avançant.* Ce que c'est?... (*Faisant la révérence.*) Dorothée–Ursule–Cunégonde Lebreton, fille majeure, établie depuis vingt ans cul-de-sac Sainte-Opportune, maison grise, au sixième étage... un pied de biche à la porte... A votre service, messieurs.

VOLTAIRE. A notre service. D'abord, qu'y a-t-il pour le vôtre, ma chère dame?

DURANDAL. C'est sans doute à moi que vous désirez parler?

ADRIENNE. A vous !... Du tout... ce n'est pas un homme qui m'a fait demander ce matin de très-bonne heure.

VOLTAIRE. Vous vous trompez alors...

ADRIENNE. Comment, je me trompe !

DURANDAL. Vous êtes ici chez moi, ma bonne... Durandal, procureur au Châtelet.

ADRIENNE. Chez lequel demeure une demoiselle Adrienne, n'est-ce pas?

DURANDAL. Ah! je vois ce que c'est. Vous êtes sa modiste, sa lingère, sa couturière?...

ADRIENNE. Fi donc! pour qui me prenez-vous?

VOLTAIRE. Enfin, madame.... qui êtes-vous?...

ADRIENNE. Qui je suis?...

Air *de la Narbonaise* (L. Puget).

J' suis d' vin'resse,
Et pleine d'adresse,
Mes talents
Sont nombreux et grands!
Leste, agile,
En discours fertile
Je suis habile,
Et par la ville
J'ai grande réputation !
Je suis d'une bonne nature,
Car je dis la bonne aventure
Avec art et perfection !
De plus, j' connais
Tous les secrets.
Autant qu' les Romains
J' sais la chiromancie.
Ou m' remercie
Quand dans les mains
Je lis l'avenir des humains.
Je réduis à zéro
Le grand Cagliostro.

Et la cartomancie donc... Je suis élève du célèbre, de l'illustre, de l'incomparable Éteilla, c'est tout dire.... Je tire les cartes mieux que celui qui les a inventées... Aussi je ne me trompe jamais.... Roi de carreau annonce mariage; as de trèfle, argent et victoire; valet de pique, réussite en affaires et bonheur au jeu; roi de cœur, triomphe en amour...

J' suis d' vin'resse,
Et pleine d'adresse,
Mes talents
Sont nombreux et grands.

VOLTAIRE. Peste! quelle commère !

DURANDAL. Tout cela est fort bien, madame la tireuse de cartes... Mais je ne vois nullement pourquoi vous avez à parler à Adrienne.

ADRIENNE. Pourquoi? monsieur, pourquoi?... Par le grand et le petit Albert mes maîtres ! si je n'avais été mandée par cette jeune et intéressante personne, si elle ne m'avait fait promettre une bonne récompense... vous imaginez-vous que je serais descendue de mon trépied... que j'aurais déserté mon temple...

VOLTAIRE, *à part.* Vieille sibylle, va !

ADRIENNE. Je vous en supplie, messieurs, conduisez-moi vers mademoiselle Adrienne, qui m'attend avec impatience.

DURANDAL. Avec impatience ?...

ADRIENNE. Certainement.... elle est pressée, elle est très-pressée... Entre nous... à la veille d'un mariage.... on tient à s'instruire de beaucoup de choses...

DURANDAL. Que voulez-vous dire ?

ADRIENNE. Mademoiselle Adrienne est sur le point de se marier ; je le sais... dans ce cas, c'est bien simple.... si le futur est jeune et beau, on veut savoir s'il sera toujours tendre , fidèle , empressé. Si , au contraire , le prétendu est vieux et laid , on n'est pas fâchée de connaître...

DURANDAL. Quoi donc ?

ADRIENNE. Vous devinez facilement ?...

DURANDAL. Du tout... de connaître, dites-vous ?

ADRIENNE. L'époque où on recouvrera sa liberté.

DURANDAL. Infamie !

VOLTAIRE. Qu'entends-je !

DURANDAL. Et vous osez penser, malheureuse femme, qu'Adrienne vous a fait appeler pour une semblable prédiction ?

ADRIENNE. C'est probable, mon cher monsieur, c'est probable.

DURANDAL. Madame la vieille , je vous somme de sortir promptement de cette maison !...

ADRIENNE. Oh ! oh ! ce langage... Ne seriez-vous point le vieux mari dont est menacée ma jeune cliente ?

DURANDAL. Si je ne me retenais...

ADRIENNE. Je m'en vais... ne vous fâchez pas... mais je vous prédis...

DURANDAL. Ne me prédis rien, sorcière, ou sinon...

ADRIENNE. Bah ! au fait... Si vous êtes le futur d'une jeune et jolie demoiselle, vous savez aussi bien que moi ce qui vous attend...

VOLTAIRE. Insolente !

DURANDAL. Oh ! j'enrage ! je suffoque ! j'étouffe !

ADRIENNE. Je pars. Mademoiselle Adrienne sait le chemin qui mène au cul-de-sac Sainte-Opportune... Elle viendra elle-même tôt ou tard... Votre servante, messieurs...

> J' suis d'vin'resse,
> Et pleine d'adresse, etc.

Adrienne sort en ricanant.

SCÈNE XII.

DURANDAL , VOLTAIRE.

DURANDAL. Mon ami, je suis perdu, abîmé, écrasé sous cette avalanche de mauvaises nouvelles !... Ah ! je n'en puis plus... que faire ? que résoudre, grand Dieu !

VOLTAIRE. Du calme, Durandal, du calme.

DURANDAL. Du calme ! quand il s'agit d'une maison qui rapporte plus de dix mille livres !

VOLTAIRE. Se pourrait-il que ton Adrienne fût vraiment coupable de tous ces méfaits ?

DURANDAL. Je ne sais plus rien, je ne comprends plus rien ; mais je veux voir Adrienne ; je veux qu'elle m'explique toutes ces charades... Et si elle m'a indignement trompé, eh bien ! je verrai, je tâcherai, je l'épouserai...

VOLTAIRE. Comment ! tu l'épouseras ?

DURANDAL. C'est-à-dire non... je ne l'épouserai pas... Mais il faut que je lui parle ; il faut absolument que je lui parle.

Il sort.

SCÈNE XIII.

VOLTAIRE, *puis* ZOÉ.

VOLTAIRE. Pauvre Durandal ! quel chagrin ! quelle douleur ! la tête n'y est plus... qu'y faire ?... Ma foi, tout ce tumulte me fatigue... et puisqu'on me laisse seul , je vais décidément me jeter une heure ou deux sur mon lit... les jambes me rentrent.

Au moment où il se dirige vers la porte du fond, Zoé paraît à celle latérale de droite et appelle Voltaire.

ZOÉ. Psit ! psit !

VOLTAIRE, *se retournant.* Hein ?

ZOÉ. Monsieur de Voltaire...

VOLTAIRE. Qui m'appelle ?

ZOÉ. Moi, monsieur.

VOLTAIRE. Une jeune fille !... Ce n'est pas mademoiselle Adrienne ?..

ZOÉ. Non, monsieur.

VOLTAIRE. Qui êtes-vous donc ?

ZOÉ. Je suis la petite Zoé... vous savez bien, l'autre des deux orphelines que monsieur Durandal a élevées...

VOLTAIRE. Ah ! bon , je vous reconnais... Est-ce Durandal que vous demandez ?... Il est sorti... il va bientôt revenir...

Fausse sortie.

ZOÉ, *le retenant.* Ce n'est pas à lui que je veux parler... c'est à vous.

VOLTAIRE. A moi ! Que signifie...

ZOÉ. Oui, à vous-même... Il faut que nous ayons ensemble deux mots de conversation intime.

VOLTAIRE. Ah ça, mais toutes les jeunes filles me sont donc envoyées aujourd'hui...

ZOÉ. Oh! personne ne m'envoie... je viens toute seule...

VOLTAIRE. Ah! Et que me voulez-vous?

ZOÉ. Vous dire que je suis très-malheureuse...

VOLTAIRE. Ah! bah!

ZOÉ. Que je ne fais que pleurer... jour et nuit.

VOLTAIRE. Et le motif de ce grand chagrin?

ZOÉ. Le motif, c'est qu'on veut me faire religieuse et que je n'ai pas du tout de vocation pour cet état-là...

VOLTAIRE. Et pour quel état auriez-vous une vocation, s'il vous plaît?

ZOÉ, *riant d'un rire niais.* Ah! ben, si je vous le dis, vous allez vous moquer de moi...

VOLTAIRE, *effrayé.* Ah! mon Dieu, est-ce que vous voudriez jouer la comédie?

ZOÉ. Par exemple!... la comédie!... C'est un état où il faut trop d'esprit, et moi qui n'en ai pas...

VOLTAIRE, *à part.* Eh bien! elle est franche, au moins..... (*Haut.*) Ainsi vous voudriez...

ZOÉ, *mystérieusement.* Vous serez discret?...

VOLTAIRE, *de même.* Comme la tombe...

ZOÉ, *de même.* Bien sûr, bien sûr?

VOLTAIRE, *de même.* Bien sûr, bien sûr.

ZOÉ, *de même.* Je voudrais...

VOLTAIRE, *de même.* Vous voudriez?...

ZOÉ, *de même.* Me marier...

VOLTAIRE. En vérité?

ZOÉ. Parole d'honneur!

VOLTAIRE. Avec qui?

ZOÉ. Ah! voilà le hic...

VOLTAIRE. Comment, voilà le hic?...

ZOÉ. J'ai la vocation du mariage, mais je n'ai pas le mari...

VOLTAIRE. Diable!... c'est une affaire qui me paraît pleine de difficultés...

ZOÉ. Mais non...

VOLTAIRE. D'abord Durandal ne donnera pas son consentement.

ZOÉ. Vous lui ferez comprendre que je serais certainement une très-mauvaise religieuse, tandis que...

VOLTAIRE. Tandis que vous seriez certainement une excellente femme...

ZOÉ. Dame!

VOLTAIRE. Au fait... pourquoi pas?

ZOÉ. Oui... pourquoi pas? Je suis bonne enfant, d'abord.

VOLTAIRE. Jolie...

ZOÉ. Vous êtes bien honnête...

VOLTAIRE. Sage, sans doute?

ZOÉ. Oh! ça, ce n'est pas mon fort...

VOLTAIRE, *étonné.* Comment! vous n'êtes pas sage?

ZOÉ. Couci, couci... il y a des jours où je suis un vrai diable... chantant, dansant, courant, n'écoutant personne...

VOLTAIRE. Ah!... c'est là ce que vous appelez ne pas être sage?...

ZOÉ. Eh bien!... qu'est-ce que c'est donc que la sagesse?

VOLTAIRE. Pour une jeune fille?...

ZOÉ. Pour une jeune fille comme pour tout le monde...

VOLTAIRE. Oh! c'est qu'il y a sagesse et sagesse...

ZOÉ. Tiens!... Comme il y a fagots et fagots.

VOLTAIRE, *riant.* Précisément... Ainsi, pour une jeune fille être sage, c'est n'avoir pas d'amoureux.

ZOÉ. Oh! bien, alors je suis fièrement sage... personne ne m'aime.

VOLTAIRE. Et vous n'aimez personne?

ZOÉ. Moi! j'aime tout le monde.

VOLTAIRE, *insistant.* Vous n'avez pas une petite préférence pour quelqu'un?...

ZOÉ. J'en ai pour tous ceux qui sont gentils avec moi... Vous, par exemple, je vous aimerais bien...

VOLTAIRE, *vivement.* Vous m'aimeriez?...

ZOÉ. Oui, vous avez l'air d'un bon homme... Est-ce que vous êtes marié, vous?...

VOLTAIRE, *embarrassé.* Moi, marié!... mais non...

ZOÉ. Oh! voilà un non qui n'est pas franc... Vous êtes marié.... (*Elle soupire.*) Tant pis!

VOLTAIRE, *à part.* C'est qu'elle est charmante, cette petite... elle est d'une ingénuité... (*Il s'approche d'elle.*) Ainsi donc, vous ne me trouvez pas trop laid, pas trop vieux?

ZOÉ, *très-naturellement.* Ma foi non!... Et puis vous avez dans la figure un certain air qu'n'ont pas tous les autres hommes... un regard... un sourire... enfin un je ne sais pas trop quoi... Toujours est-il que vous me plaisez... voilà...

VOLTAIRE. Elle est d'une naïveté ravissante...

ZOÉ. Ah! mon Dieu, comme vous me regardez!... vos yeux brillent comme des escarboucles.

VOLTAIRE. C'est que je voudrais...

ZOÉ. Quoi?...

VOLTAIRE.

Air *de la Fille de l'air* (Paul Henrion).

> Il est un dieu que l'on dit tendre,
> Le dieu d'hymen.

ZOÉ.

> Le dieu d'hymen!

VOLTAIRE.

En son nom ici je veux prendre
Ta blanche main.

ZOÉ.

Ma blanche main !
Avec ivresse,
Avec tendresse,
Ma foi, je veux
Combler vos vœux.
Pour vous séduire et pour vous plaire,
Vous vous charmer, je jure ici
De tout donner et de tout faire.
Et ma main... la voici !

VOLTAIRE.

Je voudrais encor quelque chose
De ta bonté.

ZOÉ.

De ma bonté !

VOLTAIRE.

Je voudrais... Cependant je n'ose,
En vérité.

ZOÉ.

En vérité !

VOLTAIRE.

Ah ! que ma bouche
Effleure et touche
Bien doucement
Ton front charmant !

ZOÉ.

Pour vous séduire, etc.

*A la fin de l'air il lui baise le front; la porte s'ouvre,
Lecouvreur paraît, Zoé se sauve.*

SCÈNE XIV.

LECOUVREUR, VOLTAIRE.

LECOUVREUR. Ne vous dérangez pas, bourgeois, ça ne va pas mal.

VOLTAIRE. Comment !... est-ce que vous prenez ça au sérieux ?

LECOUVREUR. Mais !...

VOLTAIRE. Allons donc !... c'était pour rire.

LECOUVREUR. Diable !... j'aurais cru que c'était pour de bon...

VOLTAIRE. Vous êtes fou, mon bon ami...

LECOUVREUR. Fou !... Comment vous allez prétendre...

VOLTAIRE. Laissons cela... Eh bien, votre sœur Adrienne ?...

LECOUVREUR. Ah ! oui, parlons-en... Impossible de la découvrir...

VOLTAIRE. C'est que vous cherchez mal...

LECOUVREUR. Comment, je cherche mal... si vous saviez...

VOLTAIRE, *vivement.* Je ne veux plus rien savoir... je n'en peux plus de fatigue, et je vais me coucher.

LECOUVREUR. Comment! vous coucher ?... sans me donner un petit conseil...

VOLTAIRE. Je n'en peux plus.

Fausse sortie.

LECOUVREUR. Mais au moins permettez.

VOLTAIRE. Rien !...

Lecouvreur a saisi Voltaire par le pan de son habit et s'efforce de l'arrêter.

SCÈNE XV.

LES MÊMES, ADRIENNE.

Elle est en jeune marquis, petit-maître; souliers à talons rouges, chapeau à plumes, habit brodé, épée au côté.

ADRIENNE, *d'un ton d'impertinence.* Holà! messieurs..... Trève de discussion, je vous prie...

VOLTAIRE. Que signifie...

LECOUVREUR. Corbleu! ventrebleu!

ADRIENNE. Il n'y a pas de corbleu ni de ventrebleu... soldat !

LECOUVREUR. Mille tonnerres!

ADRIENNE. Roturier, mon ami, pas de jurements... ça me déchire les oreilles !

VOLTAIRE. Monsieur, s'il vous plaisait de me laisser sortir...

ADRIENNE. Il ne me plaît point de vous laisser sortir.... (*mouvement de Voltaire et de Lecouvreur*) avant de savoir si je suis bien ici dans l'hôtel d'un certain Durandal.... un procureur au Châtelet, je crois...

VOLTAIRE. Oui, monsieur; oui, vous êtes chez lui.

ADRIENNE. Très-bien... Et c'est probablement à cet homme de plume que j'ai l'honneur de parler ?

VOLTAIRE. Non, monsieur, non ; maître Durandal est absent.

LECOUVREUR. Si c'est quelque chose qu'on puisse lui dire...

ADRIENNE. Soldat, je ne vous adresse pas la parole.

LECOUVREUR. Sacrebleu !....

ADRIENNE, *le toisant.* Hein? De quel régiment êtes-vous, mon cher?

LECOUVREUR. Des dragons de la reine.... Ainsi...

ADRIENNE. Bon !... Voulez-vous que j'écrive au comte d'Albignac, votre colonel, qu'il vous mette aux arrêts pour huit jours?...

LECOUVREUR. Monsieur...

ADRIENNE. Silence !.... (*A Voltaire, qui est resté stupéfait.*) Vous m'avez dit que ce Durandal était absent ?...

VOLTAIRE. Oui.

ADRIENNE. C'est fort heureux pour lui.

VOLTAIRE. Comment ?

ADRIENNE. Je venais pour lui laver la tête d'importance...

VOLTAIRE. Vous !

ADRIENNE. Oui, moi, Adrien de Miribel,

marquis de la Mulatière, chevalier des ordres, propriétaire de douze cents hommes d'infanterie, issu d'une des plus anciennes familles de Gascogne, habitué de l'Œil-de-bœuf, possesseur des grandes entrées à Marly et à Versailles..... De plus, fanatique du théâtre, le sigisbé des dames de l'Opéra, le cavalier-servant des prêtresses de Thalie et de Melpomène...

Air : *Paris la Nuit.*

Conquérir le suffrage
De la ville et la cour,
Savoir le beau langage,
Filer parfait amour
Bien loin d'être fidèle
Aux beautés de hautl ieu,
Choisir pour son modèle
Lauzun ou Richelieu.
Ah ! voilà, chers amis,
Ce que c'est qu'un marquis.
Oui,
Voilà, mes bons amis,
Ce que c'est qu'un marquis.

Fréquenter les coulisses,
Les ruelles, le boudoir,
Adorer les actrices
Du matin jusqu'au soir ;
De toute débutante
Seconder les efforts,
Et trahir une amante
Sans regrets, sans remords.
Ah ! voilà, chers amis,
Ce que c'est qu'un marquis.
Oui,
Voilà, mes bons amis, etc.

VOLTAIRE. Je vous fais mon compliment.

ADRIENNE. Merci... Mais venons à l'objet qui m'amène rue des Tournelles, en plein Marais... hors de Paris, enfin... Il m'est revenu que ce susdit procureur, au mépris de toutes les lois divines et humaines, tyrannisait une jeune fille, étouffait sa vocation, cherchait même, chose horrible ! à l'unir à lui par les liens redoutables du dieu de l'hymen.

VOLTAIRE. Il est vrai, monsieur ; mais...

ADRIENNE. Mais... pardieu ! je ne le souffrirai pas !

VOLTAIRE. Vraiment !

LECOUVREUR, *à part.* La moutarde me grimpe au nez !...

ADRIENNE.. Je mettrai obstacle à des idées aussi ridicules... J'empêcherai une union aussi sotte, aussi disproportionnée...

VOLTAIRE. Et à quel titre ?

ADRIENNE. A quel titre, vénérable citadin?... à celui, primo, d'ami des arts, d'admirateur du talent... à celui, secundo, de protecteur, d'amant de la belle, charmante et spirituelle Adrienne...

VOLTAIRE. Qu'entends-je !

LECOUVREUR. O rage ! c'est donc lui !...

ADRIENNE, *riant.* Eh bien, messieurs, qu'avez-vous ? quelle mouche vous pique ? Pardieu ! vous faites de drôles de figures !

LECOUVREUR, *éclatant.* Je suis le frère d'Adrienne, entendez-vous ? de celle que vous avez séduite, déshonorée !...

ADRIENNE. Soldat, prenez garde.

LECOUVREUR. Je ne crains rien ! Il me faut une vengeance éclatante !

ADRIENNE. Je connais fort le comte d'Albignac...

LECOUVREUR. J'exige une complète réparation.

ADRIENNE. Vous plaisantez...

LECOUVREUR. Tout votre sang !

ADRIENNE. Vous voulez rire...

LECOUVREUR. Un duel à mort !

ADRIENNE. Manant ! d'un mot je puis te faire pourrir dans un cachot de la Bastille !

VOLTAIRE. Monsieur... vous n'appartenez pas à la noblesse... vous seriez plus indulgent, plus juste...

ADRIENNE. Qu'est-ce à dire ?

VOLTAIRE. La colère de cet homme est légitime... vous avez séduit sa sœur !

ADRIENNE. J'ai fait son bonheur, au contraire, à cette petite.

LECOUVREUR. Misérable ! c'en est trop ! (*Tirant son épée.*) Défends-toi !

ADRIENNE. Un combat ici... entre quatre murs... vous êtes fou !

LECOUVREUR. Défends-toi, ou je te tue !

ADRIENNE. Eh bien... dans une heure... au corps de garde des Suisses... je vous ferai l'honneur de croiser mon épée avec la vôtre...

LECOUVREUR. Tu me le jures ?

ADRIENNE, *montrant Voltaire.* Sur la tête de monsieur... qui sera notre témoin.

LECOUVREUR. J'y consens.

VOLTAIRE. Moi, je n'y consens pas !

ADRIENNE. Vous direz au procureur que je reviendrai demain...

LECOUVREUR. Tu seras mort !

ADRIENNE. Je ne crois pas... Messieurs, je vous salue !

LECOUVREUR. Dans une heure !

ADRIENNE. Dans une heure.

LECOUVREUR.

Air *du Siége de Corinthe.*

Enfin je vais tirer vengeance
De cette infâme trahison !
Va, je serai sans indulgence ;
De ton forfait j'aurai raison !

REPRISE ENSEMBLE.

Adrienne sort en pirouettant et faisant toutes les mines d'un petit-maître ridicule.

SCÈNE XVI.

LES MÊMES, *excepté* ADRIENNE, *puis*
DURANDAL.

VOLTAIRE. Audacieux, railleur et insolent,
voilà bien nos talons-rouges?

LECOUVREUR. L'infâme, je vais donc le
punir!

VOLTAIRE. Cette Adrienne est tout à fait
perdue!

LECOUVREUR. Adrienne, la maîtresse de
ce marquis!

VOLTAIRE. Il faut avertir Durandal de cette
nouvelle aventure... Ah! le voici!

LECOUVREUR, *apercevant aussi Durandal.*
Le procureur!

VOLTAIRE. Arrive donc, mon ami...

LECOUVREUR. Il faut que je vous parle...

VOLTAIRE. Il faut que je te dise...

LECOUVREUR. L'amant est venu...

VOLTAIRE. Il se bat avec lui...

LECOUVREUR. C'est un marquis!

VOLTAIRE. Un de nos petits maîtres...

LECOUVREUR. Je le tuerai, ou il épousera
ma sœur!

VOLTAIRE. Tu dois au plus tôt te débarrasser
de cette Adrienne...

LECOUVREUR. Je repars ce soir pour Lille
z'en Flandre...

Tous deux ont parlé presque à la fois ; Durandal paraît
ne savoir à qui entendre.

DURANDAL, *exaspéré.* Assez! assez! je
suis abîmé! j'en deviendrai fou! j'en ferai
une maladie!... à la fin de tout ça, où est
donc celle qui nous fait ainsi perdre la tête?

VOLTAIRE, *avec intention.* Elle est peut-
être indisposée...

DURANDAL. Elle est sans doute chez la
tireuse de cartes...

LECOUVREUR. Elle attend son beau marquis...

SCÈNE XVII.

LES MÊMES, ZOÉ.

ZOÉ, *entrant.* Mon oncle, Adrienne est là
qui demande si elle peut entrer...

TOUS. Adrienne!

ZOÉ, *à part.* Comme ils ont l'air irrité!

VOLTAIRE. Je suis curieux de voir...

LECOUVREUR. Je vais lui parler...

DURANDAL. Nous allons la confondre.

ZOÉ, *à part.* Quelle figure ils vont tous
faire!... ça va m'amuser...

SCÈNE XVIII.

LES MÊMES, ADRIENNE *dans son premier*
costume.

ADRIENNE, *entrant et s'inclinant.* Messieurs...

VOLTAIRE. Ah! c'est vous, mademoiselle!

LECOUVREUR. Sœur indigne!

DURANDAL. Fille ingrate!

ADRIENNE, *reculant.* Que signifie?

VOLTAIRE. On a de vos nouvelles!

DURANDAL. On en sait long sur votre
compte!

ADRIENNE. Je ne comprends pas.

VOLTAIRE. Allons, je vois qu'il faut vous
conduire rue de l'Estrapade, à l'hôtel du
Poisson-Volant...

DURANDAL. Cul-de-sac Sainte-Opportune.

LECOUVREUR. Au corps de garde des
Suisses...

ADRIENNE. Arrêtez, messieurs, arrêtez!...
vous n'aurez pas besoin de sortir d'ici pour
parler au petit paysan, à la vieille tireuse de
cartes et au beau marquis...

TOUS, *s'arrêtant.* Comment!

ADRIENNE. Monsieur de Voltaire...

Mon Dieu, j'ai t'y bu! mon Dieu, j'ai t'y ri!
Pour moi quelle noce!

VOLTAIRE. Hein?

ADRIENNE. Mon bon monsieur Durandal...

J' suis d'vin'resse,
Et pleine d'adresse!

DURANDAL. Qu'entends-je!

ADRIENNE. Monsieur mon frère...

Et voilà, mes amis,
Ce que c'est qu'un marquis.

LECOUVREUR. Il se pourrait!

ADRIENNE. Eh bien, monsieur de Voltaire,
croyez-vous maintenant que j'ai le diable au
corps?

VOLTAIRE. O mademoiselle! que je vous
embrasse! que je vous félicite! me pardon-
nerez-vous ma conduite, mon aveuglement?

ADRIENNE. A une condition...

VOLTAIRE. Laquelle?

ADRIENNE. Vous me ferez un beau rôle de
début.

VOLTAIRE. Vous pouvez y compter...

DURANDAL. Comment! tu conspires aussi?
Tu veux donc m'enlever ma femme? (*Bas.*)
Et ma maison...

VOLTAIRE. Je ne t'enlève rien du tout...
(*A Zoé.*) Approchez, charmante Zoé... Vous
voulez vous marier?...

ZOÉ. Ah! je crois bien.

VOLTAIRE, *à Durandal.* Tu veux conser-
ver ta maison?

DURANDAL. Ah ! je crois bien !...

VOLTAIRE. Eh bien, mariez-vous !...

ZOÉ, *bas, à Voltaire.* Il est bien laid.

VOLTAIRE. C'est un mari...

DURANDAL, *bas, à Voltaire.* Elle est bien niaise...

VOLTAIRE. C'est une maison.. Et puis, veux-tu m'en croire ? avant un an d'ici, elle aura plus d'esprit que toi...

DURANDAL. Te charges-tu de lui en donner ?...

VOLTAIRE. Peut-être...

DURANDAL. Oh ! alors... j'accepte... et dans huit jours la noce.

ZOÉ. Enfin, j'en ai donc un !

VOLTAIRE, *à Adrienne.* Quant à vous, Adrienne, vous allez me suivre...

ADRIENNE. Où donc ?

VOLTAIRE. A la Comédie-Française ! où le public applaudira bientôt Adrienne Lecouvreur !

CHOEUR FINAL.

AIR *de Paul Henrion.*

ENSEMBLE.

Applaudissons à notre actrice,
A son talent plein de malice ;
Qu'avec bonheur elle subisse
D'un public changeant
L'arrêt indulgent.

ADRIENNE, *au Public.*

Ah ! messieurs, ce soir,
Laissez-moi l'espoir
Dont je suis idolâtre,
Puissé-je au théâtre
Et par mes efforts,
Prouver que j'ai le diable au corps.

REPRISE DE L'ENSEMBLE.

FIN.

Paris. — Imprimerie de Vᵉ Dondey-Dupré, rue Saint-Louis, 46, au Marais.